Le Machinisme

J. Grave

10c.

Aux Temps Nouveaux
140 r. Mouffetard

BROCHURES ÉDITÉES PAR *LA RÉVOLTE*

Epuisées à l'heure actuelle, mais dont réimpression sera faite.

L'Esprit de révolte, *par Kropotkine*	» 15
Le Salariat, *par Kropotkine*	» 15
Evolution et Révolution, *par E. Reclus*	» 15
Les Prisons, *par Kropotkine*.	» 15
La Morale, *par Kropotkine*	» 15
Les Produits de la terre et les Produits de l'industrie, *par X*.	» 15
Richesse et Misère, *par X*.	» 15
Les hommes et les théories de l'Anarchie, *par Hamon* . .	» 15
L'Anarchie dans l'évolution socialiste, *par Kropotkine*. . .	» 15
Aux Jeunes Gens, *par Kropotkine*.	» 15
Déclarations d'Etiévant	» 15
Patrie et Internationalisme, *par Hamon*	» 15

En dehors de l'album, nous avons :

Un repaire de malfaiteurs, *par Willaume*. . .	1	»	*franco*	1 15
L'Ecrasement, édit. par *An-Archist* d'Amsterdam	1	»	—	1 15
Le 11 novembre 1887, *eau-forte*.	1	75	—	1 90
Bakounine, *portrait au burin par Barbottin*. . .	»	50	—	» 60
Proudhon, *portrait au burin par Barbottin* . . .	»	50	—	» 60
Un frontispice en couleur, *par Willaume*, pour le premier volume du Supplément	1	25	—	1 40

Publications des « TEMPS NOUVEAUX » — N° 6

JEAN GRAVE

LE MACHINISME

Première édition : 10.000 exemplaires

PRIX : 10 CENTIMES

PARIS
Aux Bureaux des « TEMPS NOUVEAUX »
140, RUE MOUFFETARD, 140
1898

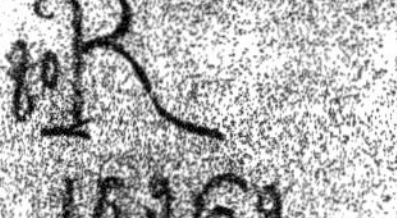

Extrait de la *Société Future*, 1 volume, 2 fr. 75, chez Stock, éditeur, Galeries du Théâtre Français, ou aux bureaux des *Temps Nouveaux*.

LE MACHINISME

La Révolution est fatale, avons-nous dit, et, pour celui qui étudie les phénomènes sociaux, ce n'est pas une affirmation en l'air, ce n'est que la constatation d'une vérité qui nous crèverait les yeux, si la complexité de ces mêmes phénomènes ne nous en cachait la marche réelle, en enchevêtrant leurs effets de telle sorte que, bien souvent, nous prenons les effets pour des causes, et les causes pour des effets.

C'est ainsi que beaucoup de travailleurs frappés de ce fait brutal : leur remplacement par le machinisme, ont pris celui-ci en haine, en sont arrivés à en désirer la suppression, ne s'apercevant pas qu'ils n'en restaient pas moins, eux, à l'état de machines à produire ; que la suppression des machines ne leur apportait qu'une amélioration relative et toute momentanée, qui ne tarderait pas à disparaître par la rapacité des exploiteurs.

Dans la société actuelle, cela est de toute évidence, la machine porte un grand préjudice aux travailleurs, quoi qu'en disent les économistes qui font ressortir que l'outillage mécanique économise les forces de l'ouvrier, qu'en réduisant les frais de production elles amènent le bon marché des produits dont profitent les travailleurs en tant que consommateurs. Cela n'est que le beau côté de la chose, qui serait vrai entièrement si la société était mieux organisée ; mais, actuellement, de par l'exploitation du capital, cela est loin d'être exact.

La machine, en produisant plus vite, a augmenté en même temps la consommation, faisant diminuer les prix des produits, cela est vrai; mais cette diminution, si elle a apporté quelques bénéfices aux travailleurs, ce ne peut être que dans une proportion très limitée, étant donné que son salaire ne lui permet de satisfaire qu'une très minime partie des besoins qu'il éprouve. La faculté de consommation est donc limitée de suite, tandis que la puissance productrice de la machine n'est limitée par rien.

Ou du moins, si, elle est limitée : par les besoins de la consommation, mais cette limitation est contre le travailleur; car la machine produisant indéfiniment, mais la consommation ne s'opérant pas, cela occasionne les chômages, la misère pour celui qui n'a que le produit de son travail pour vivre.

En plus de cela, par ses mouvements combinés et réglés d'avance, s'opérant automatiquement, la machine a fait baisser l'instruction professionnelle. On apprend plus vite à suivre une machine qu'à fabriquer un objet de toutes pièces. Dans un grand nombre de professions, au bout de huit jours de pratique, un individu est capable de diriger sa machine, quand auparavant il lui aurait fallu plusieurs années d'apprentissage avant d'être capable de produire un spécimen des objets qui vont sortir par centaines sous les engrenages de l'ouvrier de fer.

Cette facilité de s'adapter à un métier pourrait être profitable, sans doute, à l'ouvrier, en lui permettant de trouver du travail dans un autre métier, lorsqu'il n'y en a pas dans le sien. Mais, là encore, l'organisation capitaliste a su faire tourner l'avantage au profit de l'employeur.

Quelle que fût la rapacité des capitalistes, avant que l'outillage mécanique eût envahi l'industrie, il y avait des considérations dont ils étaient bien forcés de tenir compte dans une certaine mesure, le moins qu'ils pouvaient certainement, mais il y avait des limites qu'ils ne pouvaient dépasser, et quand ils avaient un personnel habile, exercé, intelligent, ils étaient forcés de faire certains sacrifices pour le conserver.

Aujourd'hui, plus besoin de tout cela; pourvu qu'ils aient un ou deux hommes, connaissant la façon de procéder de la maison et capables de dégauchir un nouveau personnel, cela leur est suffisant. Le reste n'est qu'un vulgaire troupeau que l'on embauche quand on en a besoin, et qu'on jette sur le pavé lorsqu'on n'a plus de quoi l'occuper.

De plus, cette facilité à remplacer son personnel a rendu les capitalistes bien plus exigeants et plus arrogants. Autrefois, un ouvrier qui avait conscience de sa valeur pouvait se permettre d'envoyer promener Monsieur son patron lorsque celui-ci se permettait de venir l'em...bêter hors de propos. Aujourd'hui il ne suffit plus d'être un abatteur de besogne, de bien connaître son affaire, il faut être humble et soumis envers son Excellence le capitaliste. Le personnel ne manque pas sur le marché, la force, l'activité, l'intelligence sont denrées communes; on exige, de plus, l'humilité et la platitude.

Mais ne s'arrêtent pas là les effets néfastes de l'outillage mécanique. Être occupé toute une journée à suivre les évolutions d'une machine pour en voir sortir un morceau de ferraille tout estampé, cela n'a rien de bien récréatif ni qui puisse élargir le cerveau, et, lorsque ce travail se répète tous les jours, sans trêve ni repos, pendant des années et des années, on comprend que celui qui n'a fait que cela toute sa vie soit incapable d'autre chose, si cette occupation vient à lui manquer, et que cette incapacité le mette à la merci de celui qui l'exploite.

A toutes ces causes de ruine pour le travailleur, que l'on ajoute son remplacement, auprès du nouvel outillage, par des femmes et des enfants, et l'on ne s'étonnera plus que, ne voyant que les effets qui « semblent » dériver de son introduction dans le monde industriel, il s'en prenne à cet outillage des maux qu'il subit.

Il suffit de regarder autour de soi pour voir que nous décrivons exactement ce qui se passe. Dans chaque corporation, l'ouvrier disparaît pour faire place au spécialiste. Pour ce dernier, assujetti au mouvement régulier et automatique de la machine dont la vitesse s'accélère chaque jour, son attention subit une telle tension d'efforts exigée par son labeur quotidien que son travail en devient plus fatigant que lorsqu'il le faisait sans le secours de la machine.

Le remplacement de l'ouvrier-homme par l'élément femme et enfant, la facilité de l'apprentissage ne sont pas les seules raisons du chômage, elles n'en sont que les moindres causes.

La machine, avec dix, vingt, trente ouvriers, fait le travail qui en aurait nécessité autrefois trente, cinquante, cent. Certaines modifications permettent, parfois, de faire avec un ou deux hommes le travail de plusieurs centaines. Où il fallait autrefois à l'industriel six mois pour répondre à une commande, il sera prêt maintenant à la livrer en quinze jours, avec moitié moins de monde.

Autrefois, l'industriel était forcé de fabriquer d'avance pour être en mesure de répondre aux commandes qu'il prévoyait; c'était une raison pour lui de ménager son personnel afin de l'avoir toujours là, sous la main, cela amortissait les causes de chômage; son outillage mécanique étant des plus rudimentaires, il lui fallait pouvoir compter sur un personnel exercé; les commandes, même, faiblissaient-elles un peu, il était forcé de s'ingénier pour garder son personnel.

Il n'en est plus de même. Avec les machines qui remplacent des centaines d'ouvriers, avec l'innombrable armée des sans-travail qui attend, tous les matins, à la porte de l'usine, le capitaliste n'a plus besoin de s'inquiéter de ceux qu'il met sur le pavé aux temps de disette. Une commande se produit-elle? Vite on embauche dix, vingt, cent travailleurs, selon les besoins. La commande exécutée, aucune autre n'est-elle venue? C'est bien, on met tout le monde à la porte. Et le dur pèlerinage à travers les rues, la longue station à la porte des usines, aux heures de l'ouverture, recommencera, avec ses espoirs, ses déceptions et ses angoisses.

Autrefois, on partait le matin, on sonnait à la porte des usines, et l'on faisait ses offres de services; on pouvait ainsi, dans la même journée, visiter un grand nombre d'ateliers. Actuellement, il faut être dès le matin à l'ouverture de l'atelier pour passer la revue du contremaître qui, ayant le choix, embauche ceux dont la tête lui revient le mieux. Avec ce système-là, si vous n'êtes pas embauché, votre journée est perdue, car l'ouverture des ateliers se faisant à peu près aux mêmes heures, il est trop tard pour courir ensuite à d'autres.

Et c'est ainsi que, de jour en jour, d'amélioration en amélioration, l'exploitation capitaliste se perfectionne, devient plus savante, permet au capitaliste d'économiser du temps en combinant mieux ses mouvements; mais cette amélioration, c'est sur le dos des travailleurs qu'elle s'opère, ce sont eux qui, en définitive, en font les frais; car, tous les jours, ils se sentent un peu plus enchaînés, un peu plus misérables.

Mais les économistes, gens très sensés et très scien- cés — ce sont eux qui le disent — ne sont pas embarrassés de répondre à cela : « Il y a de la misère, cela est vrai. La faute en est à ce que la planète n'est pas encore adaptée à nos besoins. » Certes, ajoutent-ils hypocritement, « notre société a bien des torts, elle gaspille bien des forces, mais enfin l'évolution suit son cours naturel, et nous n'avons qu'à nous incliner devant les faits ».

« Les socialistes voudraient partager la fortune des capitalistes — ce sont toujours les économistes qui parlent — que produirait cela à chacun? Une misère! Ne vaut-il pas mieux que les uns continuent à avoir tout et que les autres continuent à crever de faim? Ces derniers ont au moins la satisfaction de savoir que la part dont ils sont frustrés contribue à augmenter le bien-être d'une classe d'individus bien intéressante, allez! — nous en sommes — et qui est l'élite de l'humanité. »

Ils ont même fait le calcul de ce que ce partage pourrait rendre. M. Novicow (1) estime toute la fortune de la France à 200 milliards. Partagée entre tous les habitants, il trouve que cela ferait environ 21.000 francs pour une famille de quatre personnes. Et 21.000 francs pour une famille, ça sera encore la misère. M. Novicow en conclut que ça ne vaut pas la peine de partager; que la misère est une chose indépendante du capital, que tout est, sinon pour le mieux, tout au moins aussi bien que ça peut être.

N'en déplaise à M. Novicow qui est, paraît-il, un très riche banquier, tout le monde n'éprouve pas le même dédain aristocratique que lui pour de si petites sommes. 21.000 francs, placés à 3 0/0, rapporteraient encore 630 francs par an. 630 francs ne pourraient faire vivre une famille sans travailler, cela est évident, mais que le salaire des familles ouvrières se trouvât ainsi augmenté de 600 francs, ça serait beaucoup plus que certains n'osent demander.

Les fortunes ainsi nivelées, il n'y aurait plus de luxe, c'est vrai, mais il n'y aurait plus d'individus crevant de faim : cela mérite considération.

Mais, à l'heure actuelle, personne ne vise à partager les fortunes; on veut, au contraire, les mettre en commun, pour les faire produire à la satisfaction de

(1) *Les Luttes entre sociétés humaines*, 1 vol. chez Alcan.

tous, afin qu'elles ne servent plus exclusivement à la jouissance de quelques-uns.

Ce qui fait la misère, nous en donnerons d'autres raisons plus loin, ce n'est pas parce que quelques-uns ont accumulé des capitaux, mais parce qu'ils se servent de ces capitaux pour entraver la production. Quand un industriel n'a plus de commandes, il ralentit sa production; les ouvriers, ne travaillant pas, diminuent leur consommation : autre cause de paralysation de production. Si le commerçant ne fait plus de commandes lorsque ses magasins sont pleins, c'est parce qu'on ne lui achète pas, mais ce n'est pas parce que les produits manquent. Que les commandes se fassent, et tout de suite l'activité reprend son cours.

Les travailleurs sont forcés d'attendre que les magasins se vident pour pouvoir travailler.

Messieurs les économistes voudraient-ils nous expliquer pourquoi la production se ralentit toujours ainsi, pourquoi l'on n'a jamais vu se fermer une usine parce qu'elle ne trouvait pas de produits à manufacturer, comment il se fait que c'est un encombrement de richesses qui suscite la misère?

Un économiste est passé à côté de l'explication, dans un de ses ouvrages (1) où il explique que la grande erreur des hommes, c'est d'incorporer la richesse dans l'or, la monnaie, qui n'en est qu'une représentation, tandis que la vraie richesse consiste dans les objets de consommation.

La monnaie, en effet, n'est qu'un moyen d'échange; elle n'existe qu'en nombre limité. Des lois en régissent la fabrication. Cette représentation de la richesse circule, il est vrai, entre différentes mains, mais certains se la sont accaparée et, avec elle, ils régissent l'humanité.

La terre, les mines, la mer ne demandent qu'à nous inonder de leurs produits; les machines sont toutes

(1) *Les Gaspillages dans les sociétés modernes.*

prêtes à les transformer au gré de nos besoins, ceux qui n'ont que leurs bras pour vivre ne demandent qu'à les occuper.

Mais cela, hélas! n'est pas suffisant. Avant de produire d'autres objets dont l'encombrement déprécierait la valeur de ceux qu'ils ont en magasin, ceux qui se sont emparés des moyens de production veulent écouler ceux qu'ils possèdent, et ils arrêtent la production, et voilà ce qui fait qu'une trop grande richesse entre certaines mains engendre une grande misère pour les producteurs. Ceux qui veulent une société où tous les besoins puissent être satisfaits ne demandent donc pas le partage des richesses existantes, mais une organisation sociale où l'égoïsme des uns ne puisse être préjudiciable aux autres.

Mais nous aurons encore l'occasion de traiter ce sujet plus loin, revenons-en à l'outillage mécanique.

Les économistes s'extasient sur le travail immense qu'a nécessité la fabrication de l'outillage existant, et le bien-être que cela a apporté aux travailleurs. Il est de fait que, durant toute la période où l'industrialisme a commencé à se développer, la construction de l'outillage créant des occupations nouvelles à ceux qu'il supplantait dans l'atelier au fur et à mesure de sa construction, l'équilibre s'est maintenu pendant quelque temps, penchant même en faveur des travailleurs; mais cela n'a été que temporaire et de courte durée, une génération à peine. Aujourd'hui, l'équilibre est rompu en faveur du capitalisme.

L'outillage s'est graduellement perfectionné; il existe un matériel capable de fournir à tous les besoins, qui ne demande qu'à être entretenu, opération demandant un personnel bien moins considérable que lorsqu'il a fallu le construire de toutes pièces.

Malgré l'amélioration momentanée dont ont joui les travailleurs, leurs moyens de consommation ont toujours été des plus restreints; nombre de leurs besoins ont dû rester « insatisfaits »; l'encombrement de produits s'accumulant dans les magasins est arrivé; de hardis spéculateurs en ont profité pour produire la hausse ou la baisse selon leurs intérêts, ruiner leurs concurrents, agioter tout à leur aise, mais cela n'a pas vidé les magasins. Le commerce crève de pléthore et les travailleurs de faim, à côté des produits qu'ils ont fabriqués.

Pendant longtemps, on a cru que les conquêtes coloniales serviraient de debouché à ce trop-plein de produits qui nous « embarrasse »! mais elles deviennent de plus en plus difficiles : les « grandes » puissances s'étant presque complètement approprié ce qui était appropriable. De plus, on ne s'est pas contenté d'exploiter commercialement les populations que l'on allait « protéger », on a voulu aussi les exploiter industriellement. On les a pliées à un régime qui ne pouvait leur convenir. Le résultat ne s'est pas fait attendre : les races les plus vivaces ont tellement été saturées des bienfaits de la civilisation qu'elles en crevaient au bout de deux ou trois générations. Les rares individus qui ont survécu aux massacres systématiques dépérissent lentement par la phtisie, l'alcoolisme et la syphilis.

Là où le nombre de la population était de nature à fatiguer les efforts des civilisateurs, et capable, par sa prolificité, de combler les trous que faisait la civilisation, les populations ont pu se maintenir, mais on commence à les courber sous le niveau industriel. Elles commencent, comme les Indes, par exemple, à inonder les marchés de leurs produits et à faire concurrence aux producteurs de la « Mère-Patrie », cette goule qui mange ses enfants.

Aussi, à la suite de ce beau régime, les krachs financiers se précipitent, continuant à rendre le malaise général encore plus lourd. Les tripoteurs en profitent pour organiser des rafles gigantesques de capitaux, par des promesses de dividendes insensés, chacun voulant s'enrichir le plus vite possible, en tournant le dos au travail, qui non seulement n'enrichit pas celui qui le pratique, mais qui n'existe même plus pour tous.

Chacun vend ce qu'il peut, même ce qu'il n'a pas — n'a-t-on pas parlé d'hommes politiques ayant vendu leur conscience? — En fin de compte, les capitaux affluent de plus en plus entre les mains d'une minorité qui devient de plus en plus restreinte, précipitant chaque jour dans le prolétariat quelques nouveaux petits rentiers, petits propriétaires, industriels et commerçants qui se sont laissé prendre dans les engrenages de la spéculation.

Pour s'attirer ces derniers, certains socialistes s'apitoient sur leur sort; nous n'aurons pas cette hypocrisie, car leur sort ne nous émeut guère, et nous trouvons que celui qui n'a jamais connu que la misère est bien plus intéressant que celui qui ne cherchait son bien-être qu'en exploitant les autres.

C'est dans la classe des capitalistes au petit pied que l'on trouve les plus féroces réactionnaires, les exploiteurs les plus impitoyables; leur avidité et leur amour de lucre étant en raison directe de tout ce luxe qu'ils voient au-dessus d'eux et qu'ils espèrent atteindre en devenant de plus en plus rapaces.

Lorsque les gros financiers, à l'aide de leurs mensongères promesses, leur raflent leur modeste pécule, les plongeant au fond de la géhenne d'où ils voulaient sortir en grimpant sur les épaules des autres, ils n'ont que ce qu'ils méritent, ils récoltent les fruits de leur aveuglement. Leur intérêt bien entendu leur conseillait de se mettre avec les travailleurs, de solidariser leurs intérêts avec les leurs, de tenter leur émancipation ensemble; leur égoïsme, leur âpreté au gain, leur vanité les a poussés vers les gros exploiteurs : tant pis pour eux, si ceux-ci les écrasent! « Qui cuyde engeigner autrui, s'engeigne soi-même », dit le vieux proverbe. Pour cette fois, la sagesse des nations a raison, ce qui ne lui arrive pas si souvent.

Les travailleurs ne savent pas s'entendre entre eux ; c'est ce qui fait leur faiblesse. Mais les bourgeois, heureusement, s'ils sont unis pour exploiter le travailleur, ne le sont guère pour mener la défense de leur système.

La concurrence effrénée, la concurrence à mort qui régit leur société règne parmi eux avec la même intensité que parmi leurs victimes. Leur société est une chasse où tous se précipitent, ardents, sur le gibier, se heurtant, se bousculant, se foulant aux pieds, pour arriver bon premier, chacun se défendant à son tour pour disputer la proie, dont tous veulent leur part. L'hallali a sonné dès le début de la chasse, et la curée a commencé aussitôt, se continuant, depuis, sans interruption, la victime renaissant sous les coups des chasseurs qui la dépècent pour s'en approprier des lambeaux. Mais la victime n'est pas morte, elle peut se remettre sur pied, elle s'y remettra grâce à la division des bourgeois qui, solidaires dans l'idée d'exploitation, ne le sont plus dans la façon de l'opérer.

Si les bourgeois pouvaient faire abstraction de leurs intérêts personnels, pour favoriser leurs intérêts de classe, la situation serait insurmontable pour les travailleurs. De l'entente des bourgeois, il ressortirait un ensemble de mesures qui auraient pour effet de river les travailleurs sous leur joug d'une façon indéfinie. Heureusement que cette entente est impossible, que l'amour du lucre individuel les régit au point de ne plus comprendre l'intérêt de classe ; que les ambitions politiques les mènent à se faire la guerre les uns aux autres.

Et, à se faire la guerre, ils sont forcés de se porter des coups ; ces coups, c'est leur système d'exploitation qui, en définitive, en subit les effets destructeurs ; peu à peu, ils enlèvent un coin du masque, dévoilent une turpitude qui, en s'étalant au soleil, fait réfléchir les travailleurs, leur enlève le respect d'un ordre de choses qu'on les avait habitués à regarder comme immuable.

Les fautes de la bourgeoisie contribuent pour une aussi grande part que la propagande socialiste dans la démolition de l'ordre bourgeois. Le système produit lui-même le ver rongeur qui le mine. Il est de toute logique que ce qui est constitué anormalement produise les causes qui le désagrégeront. Ne nous en plaignons pas, c'est une partie de notre besogne qu'ils font.

Les temps ne sont pas loin où ceux qui craignent encore la Révolution en viendront à l'envisager avec moins d'effroi. La société elle-même les amènera à désirer cette commotion qui doit les débarrasser des turpitudes où elle nous enlize tous les jours.

L'idée de révolte gagne continuellement du terrain ; elle s'incruste graduellement dans les cerveaux, elle se répand dans l'air, formant une seconde atmosphère que les individus respirent, dont s'imprègne tout leur être. Laissons-la gagner encore un peu de terrain ; le jour n'est pas loin où il suffira d'un bien petit choc pour qu'elle éclate, entraînant dans son tourbillon, à l'assaut du pouvoir, à la destruction des privilèges, ceux qui, actuellement, n'envisagent la lutte qu'avec crainte et défiance.

Allons, travailleurs, il est certain que dans la société actuelle, les machines vous font tort. Ce sont elles qui vous enlèvent le travail, qui occasionnent vos chômages, font baisser vos salaires ; ce sont elles qui, à un moment donné, en mettant un trop grand nombre des vôtres sur le pavé, vous forcent à lutter les uns contre les autres, pour vous disputer la pitance que vous rationnent vos maîtres, jusqu'à ce que l'excès de misère vous force aux résolutions extrêmes.

Mais, est-ce bien à elles que vous devez vous en prendre de tout ce mal ? Est-ce bien à elles que vous devez reprocher de prendre votre place au travail ? — Ne seriez-vous pas satisfaits de n'avoir plus qu'à vous croiser les bras et à les regarder produire en votre lieu et place ? Ne serait-ce pas là le plus bel idéal à donner à l'humanité : dompter les forces naturelles pour leur faire actionner cet outillage mécanique, leur faire produire la richesse pour tous, tout en demandant moins d'efforts aux individus ?

Eh bien, camarades ! cela se peut, cela sera si vous le voulez ; si vous savez vous débarrasser des parasites qui non seulement absorbent le produit de votre travail, mais, de plus, vous empêchent de produire selon vos besoins.

La machine est un mal dans la société actuelle, parce que vous avez des maîtres qui ont su faire tourner à leur profit exclusif toutes les améliorations que le génie et l'industrie de l'homme ont apportées dans les moyens de production.

Si ces machines appartenaient à tous, au lieu d'appartenir à une minorité, vous les feriez produire sans trêve ni repos, et plus elles produiraient, plus vous seriez heureux, car vous pourriez satisfaire tous vos besoins. Votre production n'aurait de bornes que par votre faculté de consommer. Quand vos magasins seraient pleins, vous ne vous amuseriez pas à produire des choses dont vous n'auriez plus besoin, cela est évident ; mais alors vous jouiriez de votre repos en paix, vous n'auriez pas la peur de la misère comme aujourd'hui, lorsque vous chômez. Dans la société actuelle, quand vous ne travaillez pas, vous n'êtes pas payés ; avec une organisation tout autre, le salariat étant disparu, vous auriez la disposition de ce que vous produisez et leur encombrement serait pour vous la richesse, et non la misère.

Dans ces conditions, les machines seraient un bienfait pour vous. Donc, ce ne sont pas elles qui sont la cause de votre misère, mais ceux à qui elles servent de moyen d'exploitation.

Camarades de misère, quand énervés par un long chômage, quand, désespérés par des privations de toutes sortes, vous en arriverez à maudire votre situation et à réfléchir aux moyens de vous en assurer une meilleure, attaquez-vous aux vraies causes de votre misère, à l'organisation capitaliste qui fait de vous les *machines des machines*; mais ne maudissez pas cet outillage qui vous affranchira des forces naturelles, si vous savez vous affranchir de ceux qui vous exploitent. C'est lui qui vous donnera le bien-être... si vous savez vous en rendre les maîtres.

PARIS. — IMPRIMERIE CHARLES BLOT, 7, RUE BLEUE.

EN VENTE AUX TEMPS NOUVEAUX :

Les Primitifs, *par Elie Reclus* 2 75
Bibliographie anarchiste, *par Nettlau* 5

Volumes de chez Stock :

La Conquête du pain, *par Kropotkine* 2 75
L'Anarchie, son idéal, *par Kropotkine*. . . . . » 60
Œuvres *de Bakounine*. 2 75
La Société future, *par J. Grave* 2 75
La Grande Famille, roman militaire, *par J. Grave* 2 75
L'Individu et la Société, *par J. Grave*. 2 75
Biribi, *de Darien* 2 75
Bas les cœurs! *de Darien*. 2 75
Sous-offs, *de Descaves* 2 75
Psychologie de l'anarchiste socialiste, *par A. Hamon*. . . 2 75
Psychologie du militaire professionnel, *par A. Hamon*. . 2 75
L'Inquisition en Espagne, *par Tarrida del Marmol* 2 75
Révolution sociale et Révolution chrétienne, *par Malato* . 2 75
La Douleur universelle, *par S. Faure*. 2 75
Le Socialisme en danger, *par Domela Nieuwenhuis*. 2 75
Evolution et Révolution, *par Elisée Reclus*. 2 75

De chez Flammarion :

Les Paroles d'un révolté, *par Kropotkine* 1 25

De chez Perrin :

Correspondance de Bakounine 2 75
Les Temps sont proches, *par L. Tolstoï* . . . . » 50
Enquête sur la question sociale, *par J. Huret*. 2 75

De la *Plume* :

Similitudes, *par A. Retté* 2 75
Aspects, *de A. Retté* 2 75
La Forêt bruissante, *par A Retté*. 2 75

De chez Schleicher frères (Reinwald) :

Les Religions, *d'André Lefèvre* . . . . 6 »
Force et Matière, *par Buchner* . . . . 6 »
Science et Matérialisme, *par Letourneau* . . . . 5 »

De chez Dentu :

Le Primitif de l'Australie, *par E. Reclus* 2 75

De chez Charpentier :

Au Port d'armes, *par Henry Fèvre*. . . . . *franco* 3 25
Souvenirs d'un matelot, *par Georges Hugo*. . . . . . . — 3 25
La Mêlée sociale, *par G. Clémenceau* 3 25
Le Grand Pan, *par G. Clémenceau*. 3 25

De chez Ollendorff :

Le Calvaire, *par Mirbeau*. 3 25

De chez Pedone :

L'Histoire sociale au Palais de Justice, *par de Saint-Auban*. 2 75

LES TEMPS NOUVEAUX

Paraissant tous les 8 jours avec un Supplément littéraire.

10 centimes le numéro. — *Administration* : **140, rue Mouffetard.**

Abonnements : France, un an, 6 fr.; Extérieur, 8 fr.

En vente aux *Temps Nouveaux :*

L'Agriculture, *par Kropotkine, franco* (1). . . . . » 15
Un Siècle d'attente, *par Kropotkine* . . . . » 15
Le Machinisme, *par J. Grave* . . . . » 15
La Grande Révolution, *par Kropotkine* . . . . » 15
Les Temps nouveaux, *par Kropotkine, avec couverture ill. par C. Pissarro* . . . . » 30
Pages d'histoire socialiste, *par W. Tcherkesoff*. . . . . . . » 30
L'Anarchie, *par E. Reclus*. . . . . » 15
La Panacée-Révolution, *par J. Grave, avec couverture de Mabel*. . . . . » 15
L'Ordre par l'anarchie, *par D. Saurin*. . . . . » 30
Dieu et l'Etat (avec portrait), *par Bakounine*. . . . . 1 »
La Société au lendemain de la révolution, *par J. Grave* . . » 70
Education. — Autorité paternelle, *par A. Girard, avec couverture de Luce* . . . . » 15
La Loi et l'Autorité, *par Kropotkine*. . . . . » 15
Entre Paysans, *par Malatesta, avec couverture de Willaume* . » 15

Les Temps Nouveaux, 1re et 2e années, complète : 7 fr. l'année. — Les deux ensemble : 10 francs.

La Révolte, collection complète (plus que trois) : 150 francs.

COLLECTIONS DE 30 LITHOGRAPHIES

Ont déjà paru : **L'Incendiaire,** *par Luce* (épuisée). — **Porteuses de bois,** *par C. Pissarro* (épuisée). — **L'Errant,** *par X.* — **Le Démolisseur,** *par Signac.* — **L'Aube,** *par Jehannet.* — **L'Aurore,** *par Willaume.* — **Les Errants,** *par Rysselbergh* — **L'Homme mourant,** *par L. Pissarro.* **Les Sans-gîte,** *par C. Pissarro*. 1 40

Ces lithographies sont vendues 1 fr. 25 l'exemplaire sur papier de Hollande, franco 1 fr. 40; édition d'amateur : 3 fr. 25, franco 3 fr. 40.

BIBLIOTHÈQUE DES TEMPS NOUVEAUX

51, rue des Eperonniers, Bruxelles.

Aux anarchistes qui s'ignorent, *par Charles-Albert, franco* » 10
L'Anarchie dans l'évolution socialiste, *par P. Kropotkine*. » 10
L'Evolution légale et l'Anarchie, *par Elisée Reclus*. . . . » 10
Un anarchiste devant les tribunaux : Georges Etiévant . . » 10
Burch Mitsu, *par Georges Eekhoud* . . . . » 10
L'inévitable Anarchie, *par Pierre Kropotkine*. . . . . . . » 10
La Guerre et le Service obligatoire, *par Léon Tolstoï* . . » 10
Bibliographie de l'Anarchie (préface d'E. Reclus), *par Nettlau* 5 »
Le Mouvement anarchiste, *par Jacques Mesnil*. . . . . . . » 15
La Grande Grève des Docks, *par J. Burns et P. Kropotkine*. » 15

(1) Pris dans nos bureaux ou par un certain nombre à la fois, les petites brochures se vendent 0 fr. 05, les lithographies 0 fr. 15, et les volumes 0 fr. 25 en moins.

97-667. PARIS. — IMPRIMERIE CHARLES BLOT, 7, RUE BLEUE.

www.ingramcontent.com/pod-product-compliance
Lightning Source LLC
LaVergne TN
LVHW020509230826
846091LV00008BA/3413

* 9 7 8 2 0 1 1 9 4 1 1 1 4 *